D'UN BOER

AUX

Boërs et aux Anglais

PAR

PAUL M. BOTHA

**Député de Kroonstadt au Volksraad de l'ancien
Etat Libre d'Orange.**

Traduit du Hollandais par son fils l'Avocat C. L. BOTHA LL. D.

CINQUIÈME ÉDITION

EN VENTE

PARIS	LONDRES
DANS LES BUREAUX DU *SIÈCLE*	HUGH REES, LIMITED
42, rue Grange-Batelière	124, Pall Mall, S. W.

CAPETOWN : J. C. JUTA & Cº

1901

PRIX : 50 CENTIMES

D'UN BOËR

AUX

Boërs et aux Anglais

PAR

PAUL M. BOTHA

**Député de Kroonstadt au Volksraad de l'ancien
Etat Libre d'Orange.**

Traduit du Hollandais par son fils l'Avocat C. L. BOTHA LL. D.

CINQUIÈME ÉDITION

EN VENTE

PARIS	LONDRES
DANS LES BUREAUX DU *SIÈCLE*	HUGH REES, LIMITED
12, rue Grange-Batelière	124, Pall Mall, S. W.

CAPETOWN : J. C. JUTA & Cᵒ.

1901

INTRODUCTION

J'ai été membre du Volksraad de l'ancien État Libre d'Orange pendant vingt et un ans.

Au cours de cette période, j'ai constamment suivi le parti, dont M. Fraser était le chef, qui soutenait et défendait la politique amicale du président Brand à l'égard de notre puissante voisine et protectrice: la Grande-Bretagne. Malheureusement, Krüger, le « Bond » et la presse étrangère, notamment *The Blœmfontein Express* (qui, dans ces derniers temps, alla jusqu'à supprimer mes discours hostiles à l' « Union plus complète » avec le Transvaal) devinrent trop puissants, et notre petit groupe de l'opposition perdit graduellement toute influence dans le Volksraad et dans le pays.

Ce fut un jour néfaste pour l'État Libre d'Orange que celui où John-George Fraser fut battu au scrutin par Marthinus-Theunis Steyn.

Quand, actuellement, à Kroonstadt, je vois mon pays en ruine, les maisons brûlées, mes compatriotes réduits à la mendicité, des veuves et des orphelins privés de celui qui gagnait leur pain, alors je regrette profondément de n'avoir pas fait d'efforts plus grands pour sauver mon pays, quand il aurait pu en être encore temps. Si je ne l'ai pas fait à ce moment, c'est parce que le peuple, enflammé, s'était détourné du droit chemin, et que, trompé à un degré incroyable par des chefs ambitieux, il n'aurait pas écouté. Quiconque n'était pas pour Krüger et pour l' « Union plus complète » avec le Transvaal était hué et qualifié de « Engelschgezind » (1), de traître à son propre pays (2).

En septembre 1899, j'essayai d'organiser à Kroonstadt un meeting pour protester contre la guerre ; mais je dus quitter la salle, car mes propres mandants eux-mêmes, à quelques exceptions près, se préparaient à agir à mon égard avec brutalité.

Je me dis alors : « Si j'insiste pour être entendu, non seulement je diminuerai le peu d'influence que je possède encore, mais j'anéantirai pour moi toute occasion future d'être écouté dans l'intérêt de mon propre pays. »

Et, le cœur gros de pressentiments tristes, je restai silencieux.

---

(1) Littéralement : « anglicanisant ».

(2) A l'appui de ceci, je puis dire que, lors de quatre élections successives pour la ville de Kroonstadt, j'avais été réélu sans opposition, tandis que, lors des élections dernières, qui se firent entièrement sur la question de l' « Union plus complète » avec le Transvaal, je ne fus élu qu'à trois voix de majorité. Mon concurrent était M. J.-N. Blignant, l'un des plus violents partisans de Paul Krüger, un homme qui dit publiquement : « Je voudrais que les Anglais n'eussent ensemble qu'un seul cou et que j'aie une hache pour trancher ce cou. »

Après la reddition de Blœmfontein, je fis tentatives sur tentatives pour arrêter la guerre : d'abord auprès du président Steyn, ensuite auprès de M. Luyt, le président du Volksraad ; enfin, j'essayai d'obtenir une audience du général Christiaan de Wet. Mais tout fut en vain.

Et, maintenant, je sens qu'il est de mon devoir de parler, de parler aussi fort que je le puis, car je tremble d'indignation quand je vois les ruines qui m'environnent. Je demande à mes compatriotes de se rappeler que je suis l'un d'entre eux, — un Boer ne possédant pas plus d'avantages ou d'éducation qu'ils n'en ont eus.

J'ai le droit d'être écouté, car je suis un vieillard attaché au sol natal ; car je suis d'une famille qui a combattu et agi autant que n'importe quelle autre pour fonder l'État Libre d'Orange.

Ces lignes sont un appel à mes compatriotes ; elles ont pour objet de leur faire voir leurs fautes, de leur faire reconnaître que, dans les circonstances actuelles, ce qu'il y a de mieux pour l'Afrique du Sud, c'est de devenir un tout harmonieux sous l'étendard britannique ; car, sous aucun autre drapeau, la paix et la prospérité ne seraient possibles dans l'Afrique du Sud.

Ces lignes sont aussi un appel aux Anglais, afin de tâcher qu'ils nous comprennent et nous aident à devenir une partie de ce tout harmonieux, afin que l'Angleterre se rende compte que c'est par ses fautes qu'il a été possible à des leaders sans scrupules de tromper un peuple ignorant.

J'essaierai, de plus, de montrer à mes compatriotes ce que sont réellement ces leaders et comment ils ont été trompés et dupés par eux.

L'on pourra dire que j'accable ces hommes maintenant qu'ils sont à terre. Je le nie. Car ce ne sont pas les leaders qui souffrent des amertumes de la guerre. Moi, j'ai vécu parmi les ruines que ces hommes ont amoncelées sur mes malheureux compatriotes; j'ai été témoin de scènes qui arracheraient de la pitié des cœurs les plus durs. Et si je fais des personnalités, ce n'est que parce que c'est seulement par de tels moyens que je pourrai arriver à faire toucher du doigt à mes compatriotes les folies du passé.

LES FAUTES DE LA GRANDE-BRETAGNE

Les Boers.

La première et la plus lourde faute commise autrefois par la Grande-Bretagne dans l'Afrique du Sud fut de refuser d'assumer la responsabilité et le tourment de gouverner le pays qu'elle avait acquis; — que ce pays ait été acquis par traité ou par conquête, cela ne change rien à la question. La Grande-Bretagne disait que ce pays était sien; elle aurait dû le gouverner.

Un jour la Grande-Bretagne « soufflait chaud, et le lendemain froid ». Par moments, elle insistait pour nous « avaler » : ensuite, elle insistait pour nous « rendre ». L'Etat Libre d'Orange, par exemple, fut déclaré territoire britannique parce qu'un gouverneur avait dit : « Vous ne pourrez jamais échapper à la juridiction anglaise. » Puis nous fûmes abandonnés parce qu'un autre gouverneur estima que « le pays était un désert lugubre ». Le Transvaal fut annexé, et Sir Garnet Wolseley déclara : « Les fleuves remonteront vers leurs sources avant que l'Angleterre n'abandonne le Transvaal. » Peu après, *après Majuba*, le Transvaal fut rétrocédé, parce qu'un ministre anglais avait dit : « Nous avons annexé ce pays injustement. »

La question de l'abolition de l'esclavage fut traitée avec une négligence étonnante et une non moins étonnante ignorance des conditions du pays. Si la Grande-Bretagne agit parfaitement en émancipant les esclaves, la façon dont elle y procéda irrita, froissa, écœura le peuple, et sema des germes de méfiance qui n'ont jamais été détruits. La Grande-Bretagne n'a pas tenu d'une façon effective ses promesses de compensation.

Ceci, joint à l'abandon des fermiers de la frontière aux « raids » des Cafres, provoqua le « grand Trek ». Mon père lui-même abandonna sa ferme florissante de la colonie du Cap ; et j'ai gardé du Trek des souvenirs vivaces ; j'avais alors cinq ans.

Je n'insisterai pas sur des griefs de moindre importance tels que le « Slachter's Nek » et d'autres soi-disant injustices britanniques. On traversait alors une époque pénible, et tous les gouvernements employaient des mesures brutales. Étant enfant, j'ai souvent entendu raconter des histoires où il était question de la cruauté des fonctionnaires de la Compagnie hollandaise de l'Inde orientale, et elles me font penser que, quoi qu'on dise, la domination britannique fut divine, en comparaison de celle de la Compagnie hollandaise de l'Inde orientale.

La politique faible et spasmodique de la Grande-Bretagne dans l'Afrique du Sud a fait le Boer ce qu'il est aujourd'hui : méfiant et méprisant à l'égard des hommes d'État anglais. Son éloignement dans l'intérieur, qui le mit aux prises avec les bêtes sauvages et les hordes de Cafres, le rendit plein de vanité à la pensée de ses propres prouesses, et de plus en plus ignorant.

Grâce à cette ignorance, il est plus facile de le tromper que de le diriger. Celui qui joue sur sa vanité et ses préjugés contre la Grande-Bretagne acquiert vite de l'influence. Un orateur bruyant et fanfaron a meilleur auditoire que celui qui raisonne avec calme.

J'attribue ceci au manque d'instruction et à l'isolement complet sur le « veld », de génération en génération. La profondeur de l'ignorance des Boers est telle que quelqu'un qui ne les connaît pas comme je les connais peut à peine se la représenter.

Ils ont une terreur indicible de tout ce qui est nouveau. Je fus menacé d'être lapidé parce que j'étais favorable à une ligne de chemin de fer dans l'Etat Libre d'Orange. Ils considèrent les ravages des sauterelles comme des châtiments divins contre lesquels il serait insensé de vouloir lutter.

Malheureusement, les ministres de l'Eglise réformée hollandaise, avides d'agneaux gras, de volaille et d'argent, alimentent cette ignorance. Pendant la guerre, un pasteur eut l'audace de dire à ses ouailles que Dieu *devait* aider Son « peuple élu », car, autrement, Il perdrait Son influence.

D'autre part, le Boer est doué d'un vif sentiment de justice, et, bien que d'un naturel extrêmement indépendant, il obéit volontiers aux lois et éprouve un grand respect pour les existences et les propriétés. Etant donné son ignorance, son manque d'éducation et la rudesse du pays, le petit nombre des crimes qui se commettent est vraiment remarquable ; l'assassinat, les sévices de maris sur leurs femmes et autres crimes de violence sont presque inconnus parmi les vrais Boers. Ils sont bons époux et bons pères, et leur cordialité et leur hospitalité sont proverbiales.

Ils ont été accusés, en tant que peuple, de trahison. Je le nie de la façon la plus absolue et la plus complète. Au contraire, bien des Boers respectables ont été fouettés à coups de « sjambock » par des commandos volants pour avoir refusé de rompre leur serment et de reprendre les armes. Quiconque connaît les mœurs boers sait de quelle façon terrible cette insulte est ressentie. Dans chaque ville de l'Etat Libre d'Orange reconquise par les Anglais après avoir été réoccupée par les Boers, il s'est trouvé, ont dit les journaux, de nombreuses personnes ayant traîtreusement secondé les Boers. On a peu parlé de ceux qu'on a trouvés prisonniers, qui avaient préféré être jetés en prison, avec sur eux le poids d'une accusation de haute trahison, plutôt que de manquer à la foi jurée (1).

C'est mon opinion ferme qu'un gouvernement énergique et juste, comportant l'égalité de traitement, maintiendra et satisfera les Boers, et parviendra à détruire les sentiments de méfiance et de crainte engendrés dans leurs esprits par la politique boiteuse et inégale de la Grande-Bretagne dans le passé.

C'est parce que la main qui tenait les rênes n'a agi que par saccades qu'ils ont rongé leur frein.

---

(1) J'ai appris que dans la seule « Bothaville » les Anglais trouvèrent quarante prisonniers de ce genre.

POLITIQUE DES CITOYENS PROGRESSIFS DE L'ETAT LIBRE D'ORANGE

Le Président Brand.

Ce fut un jour néfaste pour l'Etat Libre d'Orange que celui où Fraser fut battu, au scrutin, par Steyn. Car nous comptions sur lui pour continuer la politique du président Brand et pour nous sortir de la situation trouble créée par Reitz.

Le président Brand avait eu, à l'égard de tous nos voisins, une politique amicale, avec une reconnaissance franche de la prépondérance britannique dans l'Afrique du Sud. C'était la seule politique digne possible pour l'Etat Libre d'Orange.

En somme, nous devions beaucoup à la Grande-Bretagne, et, en l'admettant franchement et en reconnaissant que nos intérêts les plus grands étaient identiques à ceux des Anglais, nous aurions pu être grands dans toutes les choses en lesquelles peut se montrer grand un petit pays.

Ma conviction personnelle est que c'est à la Grande-Bretagne que nous sommes redevables de la paix qui régnait dans notre pays. La Grande-Bretagne nous a protégés contre toute invasion étrangère ; de plus, si sa présence n'y avait mis le holà, nous aurions été plongés dans des guerres civiles continuelles au sein même de l'Afrique du Sud. Et cela est évident pour quiconque connaît l'histoire turbulente du Transvaal. Dès la naissance de cette république, elle a vécu au milieu de luttes intestines aiguës ; on vit son peuple se scinder et aller même jusqu'à combattre, pour instituer de petites républiques autonomes, telles que Lydenburg ; puis encore, des querelles religieuses atteignirent une telle vivacité que seule la crainte d'une intervention anglaise prévint la guerre civile. Ils s'unissaient, cependant, lorsqu'une occasion s'offrait d'effectuer une expédition de pillage ou de s'emparer de quelque territoire. Ils firent des incursions dans l'Etat Libre d'Orange, dans le Bechuanaland, dans le Zululand, fondèrent la « République nouvelle », actuellement Vryheid, et, tout récemment, en 1891, ils tentèrent de s'approprier des territoires en Rhodésie. Le « raid » Jameson n'a été possible qu'à cause du mauvais gouvernement du Transvaal ; il prouva qu'une certaine fraction de l'élément anglais était prêt à se montrer aussi turbulente que le Transvaal.

De plus, n'avait été la présence de l'Angleterre, des aventuriers européens, comme Leyds, auraient exploité le pays davantage encore.

S'il était possible d'imaginer le retrait de l'influence restrictive de la Grande-Bretagne, nous aurions assisté dans l'Afrique du Sud à des scènes analogues à celles que j'ai lues de l'Amérique du Sud.

Le président Brand voyait les dangers qui nous menaçaient de toutes parts. Il reconnaissait, dans le Transvaal mal gouverné, un ennemi subtil qui, tout en prétendant être notre « frère et ami », désirait nous attirer entre ses griffes dans le seul but de nous utiliser comme soldats dans une guerre éventuelle. Pour le reste, notre « frère et ami » entendait prendre grand soin de nous maintenir sous son talon. Le président Brand se rendait compte de l'influence pernicieuse de certains politiciens sur notre peuple, et il usa continuellement de sa puissante influence personnelle contre le « Bond ». Je me souviens qu'un jour, à Wapenschouwing, il jeta à terre avec indignation un drapeau aux couleurs de l' « Afrikander Bond » qui avait été arboré par quelques cerveaux brûlés.

Je vais maintenant essayer de montrer que nous, en tant qu'Etat Libre d'Orange, nous avions à craindre une invasion bien plus de la part de notre « frère et ami » le Transvaal, que de la part du pays que nos grands orateurs appellent « notre ennemi » : la Grande-Bretagne.

Car, s'il est vrai que la Grande-Bretagne agit maintes fois à notre égard comme un grand garçon envers un plus petit, l'injustice de notre puissante voisine fut toujours tempérée par son équité, — une équité que nous n'avons jamais constatée dans nos relations avec le Transvaal.

Je citerai quelques exemples. L'attitude de la Grande-Bretagne dans la guerre des Basutos et dans la question de la frontière occidentale du Griqualand a été utilisée par Reitz et par Steyn comme une arme puissante pour induire les Burghers à les suivre dans leur politique anti-britannique et pro-transvaalienne. Que ce fut là une arme puissante, sans doute, car les arguments furent compris par les Burghers les plus ignorants, chez lesquels ils provoquèrent des sentiments de méfiance à l'égard de l'Angleterre. Chaque Boer faisant partie d'un commando se rendit compte qu'après des années de luttes pénibles, il se trouvait frustré des fruits de sa victoire. Au dernier moment, le gouvernement britannique intervint d'une façon injustifiable et contraignit l'Etat Libre d'Orange à se retirer d'une partie du Basutoland qu'il avait déjà occupée et annexée, et sur laquelle il possédait des droits. Je désire, cependant, attirer l'attention sur ce fait que, de par cette injustice, l'Etat Libre d'Orange gagna certains avantages qu'il n'aurait certainement pas obtenus sans cette intervention. Car, depuis cette époque, le « Territoire Conquis » a été paisiblement occupé parles Burghers, et il s'est trouvé qu'il constituait la partie la plus fertile de l'Etat Libre d'Orange. En outre, aucune guerre n'était plus à craindre avec les Basutos, la responsabilité du maintien de la paix incombant désormais au gouvernement britannique.

Les difficultés au sujet de la frontière occidentale du Griqualand sont aussi faciles à comprendre. Les Burghers du district de Boshof, qui connaissaient le pays et les bornes de leur district, ne purent pas être trompés par d'interminables correspondances et des arguments spécieux. Ils se rendirent parfaitement compte que la partie la plus riche de leur district se trouvait ôtée de l'Etat Libre d'Orange.

Même dans ce cas, je soutiens que nous reçûmes une petite compensation pour le tort qui nous avait été fait. Le gouvernement britannique reconnut son erreur et nous paya, en compensation, une somme de £ 90,000 (2,250,000 francs), c'est-à-dire une jolie somme pour des terrains qui n'avaient alors qu'une valeur spéculative, car il faut bien se dire que personne, à ce moment, ne s'attendait à voir s'y trouver la « De Beers ».

Comparons à cette attitude celle du Transvaal à

l'égard de l'Etat Libre d'Orange dans des questions similaires. Il est possible que tout le monde ne se rappelle pas qu'en 1857, sous la présidence de M. Boshof, le Transvaal envahit avec une force armée le territoire de l'Etat Libre d'Orange. Pourquoi? Parce que — et c'était là une absurdité, — il revendiquait l'Etat Libre d'Orange! Je connais particulièrement la question, étant donné que je fis partie du commando que notre gouvernement envoya à la rencontre des forces transvaaliennes. Le conflit fut enfin résolu à l'amiable; mais, tout incroyable que cela puisse sembler, le Transvaal n'en avait pas moins déjà envoyé une mission de cinq personnes, sous la direction du fameux Karl Geere, à Moshesh, le chef des Basutos, pour le décider à nous attaquer par derrière, nous, des hommes de leur race! C'est quelqu'un de la patrouille qui captura Geere et ses compagnons, et dont je fis ultérieurement la connaissance, qui me révéla cet épouvantable complot.

Plus tard, nous eûmes avec le Transvaal une querelle de frontière dont, par bonheur, je connais les détails; car mon père, qui était alors membre du Volksraad pour le district de l'Onder Valsch River, fut membre de la Commission qui, présidée par le président Brand, eut deux entrevues avec la Commission transvaalienne sur une île de la Vaal River. En violation formelle de la convention de la Zand River, le Transvaal avait délivré des titres de propriété sur des territoires situés de ce côté-ci du Vaal, et avait été jusqu'à y marquer les limites d'une ville. L'Etat Libre d'Orange protesta contre cette spoliation de son territoire; mais la Commission ne réussit pas à obtenir satisfaction de la part du Transvaal, et, afin d'éviter une guerre, nous résolûmes de nous en rapporter à un arbitrage. L'arbitre, le gouverneur du Natal, M. Keate, rendit en faveur du Transvaal une décision qui, encore aujourd'hui, est pour moi un mystère. La majorité des citoyens de l'Etat Libre considèrent cela comme une chose de peu d'importance ; en ce qui me concerne, je pense que nous avons été spoliés d'un territoire qui, même actuellement, constitue l'une des parties les plus riches du Transvaal (1) ; — et nous ne reçûmes pas un penny en compensation. Lorsque donc je compare à la conduite à notre égard de « notre ennemie » la Grande-Bretagne, celle du Transvaal qui, selon Reitz et Steyn, est « notre frère et ami », je ne puis que me dire que je préfère avoir à faire à « notre ennemie ».

Depuis 1870, le gouvernement britannique a toujours eu une attitude de grande cordialité à l'égard de l'Etat Libre d'Orange. Depuis cette date, la Grande-Bretagne nous a laissés en paix nous gouverner nous-mêmes, et c'est ma conviction ferme que nous nous gouvernerions encore nous-mêmes si Reitz et Steyn avaient été d'honnêtes patriotes et ne s'étaient pas servi de l'Etat Libre comme d'un marche-pied pour leurs idées et leurs ambitions personnelles.

Le président Brand voyait clairement ce que devait être notre politique. Il évita toujours d'offenser le Transvaal ; mais il aimait l'Etat Libre d'Orange et son indépendance pour eux-mêmes et *non* comme une dépendance du Transvaal. Et, de façon à leur maintenir leur caractère, il rechercha toujours l'amitié de la Grande-Bretagne.

Le président Brand se rendait compte qu'une « Union plus complète » avec le Transvaal turbulent et mal gouverné, sous la politique de défi de Krüger, aurait

---

(1) Le district de Wakkerstroom.

pour résultat inévitable une guerre désastreuse avec l'Angleterre.

Je le sentais d'une façon aussi aiguë, et je n'ai jamais cessé de combattre l' « Union plus complète ». Je me souviens que, présentant un jour ces arguments au Volksraad, je terminai mon discours en disant : « Veuille le ciel que mes craintes soient infondées, car, si elles étaient justes, alors, malheur ! malheur à l'État Libre d'Orange ! »

La situation dévastée de l'actuelle *Colonie de la Rivière Orange* dépasse mes plus sombres pressentiments.

PAUL KRUGER ET Cie

Le « Bond », la Presse étrangère et la Chaire

J'ai entendu dire qu'il existe en Europe, en Angleterre, en Amérique, des gens qui admirent Paul Krüger. Je comprends que nos Boers ignorants puissent être les dupes d'une personnalité puissante qui, les connaissant bien, peut jouer sur leurs faiblesses et leurs préjugés comme un virtuose sur les cordes d'un violon. Mais que « l'Oncle Paul » puisse duper des gens possédant une certaine culture, cela je ne le comprends pas. La seule façon dont je puisse expliquer ce mystère est que ce vieillard bourru ait été paré d'une auréole de roman, et que l'Europe, qui est à trois mille lieues de nous, l'accepte comme le voient les yeux de ses dupes, les Boers. Il a fait croire aux Burghers qu'il était un prophète qui, comme Moïse, était « un moyen de communication » entre Dieu et Son peuple élu. Ceci est littéralement exact. Dans les premiers temps, il disparaissait pendant de longues périodes, et, lorsqu'il revenait, il faisait croire au peuple qu'il venait de causer avec Dieu. Les Burghers crurent de la façon la plus absolue que Krüger, qui se trouvait alors à Heidelberg, soit à cent miles de là, connut le résultat de la bataille de Majuba le matin qui précéda le combat !

Si l'on ajoute à cela sa volonté indomptable, par laquelle il fit croire jusqu'à lui-même qu'il existait deux Dieux, l'un au ciel, et l'autre, Paul Krüger, sur la terre, — et son courage incontestable, dont il donna des preuves au cours de plusieurs guerres contre les Cafres, l'on comprend alors son influence despotique.

Qu'il me soit permis de lui retirer cette auréole de faux roman, et d'essayer de montrer l'homme tel qu'il est réellement, et tel que ceux des Boers qu'il n'a pas réussi à duper l'ont connu. Nous le connaissons comme un homme avare, sans scrupules, hypocrite, qui a sacrifié tout un peuple à sa cupidité. Son seul objet, son seul but, ce fut de s'enrichir; et, pour y parvenir, tous les moyens lui furent bons. Son amour du pouvoir a été subordonné à son amour de l'argent. Il s'est servi du Transvaal comme d'une vache à lait pour lui, pour ses enfants et pour sa suite.

Je demande à ses admirateurs de me nommer une seule bonne chose qu'il ait faite pour son pays, pendant ses nombreuses années de pouvoir.

Il a dépensé des millions de l'argent du pays en prétendus bienfaits, — millions qui, en réalité, ont été dépensés pour engraisser une foule de favoris et de vautours avides, d'hommes qui lui étaient nécessaires pour servir ses propres fins. Paul Krüger a été accusé d'avoir créé beaucoup de monopoles; mais le plus grand de tous, ce fut, sur une échelle colossale et véritablement impudente, le Monopole de l'escroquerie du Transvaal, à la tête duquel il était.

Quiconque a été dans les coulisses sait combien il a été impossible, même pour l'homme le plus malhonnête, mais n'appartenant pas à cette coterie, d'obtenir du Transvaal un avantage quelconque.

Pour preuve de ce que j'avance, je citerai les contrats relatifs aux farines, aux ânes, le monopole de la dynamite, les concessions pour le commerce des spiritueux et des confitures, les chemins de fer du « Netherland », et tant d'autres… Et je demande : « Quel bénéfice *le pays* a-t-il retiré d'aucun d'eux ? »

Existe t-il au Transvaal quelques institutions au profit du public, c'est-à-dire des écoles, des universités, des institutions industrielles, des travaux publics, des routes, des chemins de fer, qui justifieraient d'aussi considérables dépenses ? Non.

Si vous voulez savoir où tout l'argent a passé, regardez dans les poches de Paul Krüger et Cᵉ.

Pour montrer l'avarice et l'hypocrisie de Krüger, considérons-le par les petits côtés. Il touchait annuellement, comme président, une somme de 8,000 livres sterling (200,000 francs), 8,000 livres sterling qu'il mettait de côté chaque année ; il ne vivait pas comme le président d'un pays, mais comme n'importe quel petit fermier, sans jamais dépenser même 50 centimes en aumônes ou en toute autre chose dont bénéficierait le public ; et il n'en eut pas moins l'effronterie de demander au Volksraad, pour frais de représentation, une allocation supplémentaire annuelle de 300 livres sterling (7,500 francs), dont il mit la plus grande partie dans sa poche, car les seuls frais qu'il fit jamais, ce fut d'offrir quelques tasses du café du matin et une pipe de tabac !

La directrice du « Dynamite Explosion Hospital » a parlé des « larmes de crocodile de l'Oncle Paul ». Lorsqu'il alla voir les malheureux blessés, presque tous de race hollandaise, il s'apitoya sur « ses pauvres Burghers » ; de grosses larmes roulèrent le long de ses joues… mais il ne donna pas une seule fois 50 centimes pour leur venir en aide (1).

---

(1) Il « donna » 10 livres sterling (250 francs)… mais il ne les versa point.

Pendant la guerre, comment Krüger et Steyn ont-ils nourri les malheureuses femmes et les enfants de leurs « pauvres Burghers » en train de risquer leur vie dans les commandos ? Leurs rations consistaient en bouillie, en farine de maïs. Je le sais : j'étais de la commission d'assistance de Kroonstadt.

Et quand maintenant je vois tout le pays alentour de Kroonstadt vide comme un désert, les fermes brûlées, les Boers, leurs femmes et leurs enfants entassés les uns sur les autres dans des camps de refuge, dépourvus de tout et ne vivant que par la charité des Anglais, alors je tremble d'indignation en entendant dire que le cruel auteur de toute cette misère qui aurait pu être évitée, vit en Europe, riche, tranquille, sain et sauf, qu'il va être reçu par la reine de Hollande, et qu'on en a fait un héros ! Un héros, cet homme, connu dans l'État Libre, il y a trente ans, alors qu'il n'avait pas encore trouvé de meilleur moyen pour s'enrichir comme un louche marchand d'oranges et de tabac, que nous suspections vivement d'être aussi un marchand d'esclaves !

Le succès de la politique de Paul Krüger contre l'Angleterre, et dont l'Angleterre est beaucoup à blâmer, a perverti les esprits de la plus grande partie de la population hollandaise de toute l'Afrique du Sud.

Je suis convaincu que l'influence de Kruger a complètement modifié le caractère de l'« Afrikander Bond » que, je crois, Hofmeyr fonda au Cap dans le but légitime d'obtenir certains privilèges politiques, mais qui, sous les valets de Krüger : Sauer, Merriman, Te Water et autres, provoqua de l'agitation dans la colonie du Cap.

Le succès de la politique antibritannique de Krüger lui suscita de nombreux imitateurs : Steyn, Fisher,

Esselen, Smuts et de nombreux autres jeunes Afrikanders d'une certaine culture, du Transvaal, de l'État Libre d'Orange, de la colonie du Cap, qui, trompés par ses succès, espérèrent ambitieusement pouvoir, par les mêmes moyens, s'élever au même pinacle.

Avec eux, le krügérisme se développa en un règne de terreur. Pour peu que vous fussiez antikrügériste, vous étiez aussitôt traité d' « Engelschgezind », de traître à votre pays, indigne d'être écouté. J'ai souffert amèrement de ces outrages, notamment sous la présidence de Steyn. Le meilleur patriote était celui qui se montrait le plus hostile à l'Angleterre.

Cette clique, que je désire voir clairement comprise, s'étendit par toute l'Afrique du Sud, dans le Transvaal, dans l'État Libre d'Orange, dans la colonie du Cap ; pour poursuivre la réalisation de ses plans, elle se servit du « Bond », de la presse et de la chaire.

Reitz, que je crois avoir été un honnête enthousiaste, se fit un jour le second parrain du « Bond », dont il formula la doctrine en ces termes : « L'Afrique aux Afrikanders. Jetons les Anglais dans la mer ! »

On comprend vite comment, avec un cri d'espoir séduisant comme celui-là, il fut facile d'enflammer l'imagination des Boers illettrés et sans culture et d'alimenter leurs vanités et leurs préjugés. Une feuille ignoble, le *Blœmfontein Express*, de Carl Borckenhagen, contribua énormément à répandre cette doctrine dans l'État Libre d'Orange. Je suis absolument convaincu que l'*Express* était subventionné par Krüger ; le lieu où Borckenhagen, un parfait Allemand, puisait son ardent patriotisme de citoyen de l'État Libre n'est pas un mystère pour moi.

Au Transvaal, la campagne fut menée par le *Volksstem*, rédigé par un Hollandais et subventionné par

Krüger ; par le *Rand Post,* également rédigé par un Hollandais et subventionné par Krüger ; dans la colonie du Cap, par le *Patriot,* qui fut lancé par des intrigants et par des rebelles à leur propre gouvernement, à Paarl, un nid de faux afrikandérisme. L'*Ons Land* peut être un journal honnête ; mais, en se faisant le champion d'idées impossibles, il nous a causé un tort incalculable. Je souffre en pensant que mes pauvres compatriotes, par leur défaut d'instruction, ont dû avaler pur le poison préparé pour eux par des intrigants sans scrupules.

Et quand j'arrive à penser à l'abus que la chaire fit de son influence, je sens que je ne pourrai pas trouver de mots assez violents pour exprimer mon indignation. La parole de Dieu fut prostituée. La religion d'un peuple religieux servit à le pousser vers sa destruction. Un ministre de Dieu m'avoua lui-même, en balbutiant, qu'il lui fallait prononcer des sermons anti-anglais, sous peine de perdre la faveur de ceux qui détenaient le pouvoir.

Ces pasteurs, cependant, qui du haut de leur chaire parlaient de tout mettre à feu et à sang, s'enfermèrent soigneusement chez eux pendant la guerre ; ils ne s'aventurèrent pas près de la ligne des combattants, même comme brancardiers. J'ai entendu un pasteur onctueux, dans un sermon sur la guerre, crier aux Burghers : « En avant, marchez à l'ennemi ! moi, je resterai sur la montagne, les bras tendus vers les cieux, et priant pour vous, ainsi qu'autrefois fit Moïse », ajoutant solennellement que sa chère femme, qui éprouvait pour eux autant que lui-même, prendrait la place d'Aaron et d'Hur, et le soutiendrait lorsqu'il serait fatigué !

LA GUERRE

Steyn : Fou ou malhonnête ?

Lorsque, en véritable citoyen de l'Etat Libre d'Orange, je pense à la guerre, et que je vois que nous avons perdu l'indépendance de notre petit Etat qui nous était si cher, alors je pense que je pourrais maudire Marthinus Theunis Steyn et la clique de Krüger. — Steyn, un Orangiste de naissance, s'est servi de sa patrie comme d'un marche-pied pour son ignoble ambition, et il a sacrifié tout son peuple à la poursuite de fins égoïstes.

Comment se fit-il qu'un homme inconnu, qui n'avait jamais fait preuve d'aucune habileté, surtout politique, pût être préféré à John George Fraser, un homme d'une intégrité, d'une habileté, d'une expérience qui avaient fait leurs preuves ? Je dis que cela a été dû à l'influence de Paul Krüger qui, par ses émissaires, ses agents, ses fonds secrets, a miné l'Etat Libre d'Orange. Le journal qu'il subventionnait, le *Blœmfontein Express*, fut le premier à lancer la candidature de Steyn. Paul Krüger ne voulait pas, à la tête de la République-sœur, d'un honnête patriote orangiste comme Fraser, dont la première pensée aurait été pour son pays! Il lui fallait un pantin servil. L'ambition

personnelle de Steyn fit le reste. Il vendit sa patrie, corps
et âme, au Transvaal, dans l'espoir que « le manteau de
Paul Krüger retomberait sur lui ». La première fois que
Krüger vint dans l'Etat Libre d'Orange, après l'élection
de Steyn, celui-ci, dans un banquet public, le présenta
en ces termes : « Voici mon père. » Et moi, je pensai
aussitôt : « Oui, et vous attendez « les souliers » de
votre père. » — Il espérait succéder à « son père »,
comme président du Transvaal, comme président des
deux Républiques unies, peut-être même comme président de l' « Afrique du Sud Unie »! Pour cette vision
vertigineuse, il ignora les véritables intérêts de notre
petit État — il manqua à son serment, et il engagea
son pays, dont il avait juré de maintenir l'intégralité et
l'indépendance, dans une guerre insensée et qui n'avait
absolument rien de nécessaire.

Il est possible d'imaginer que Steyn, Fischer et les
autres Orangistes de quelque culture, ignoraient que
suivre la politique hostile de Krüger, la politique d'éli-
mination de la puissance prépondérante dans l'Afrique
du Sud, ne laissait à choisir à cette puissance qu'entre
combattre pour sa propre conservation ou disparaître
ignominieusement. Car je soutiens que l'Angleterre
n'avait le choix qu'entre deux alternatives pour
répondre à la politique de provocation de Krüger :
combattre ou s'en aller de l'Afrique du Sud. Il n'était
possible qu'à des hommes souffrant d'un effroyable
« boursoufflement du cerveau », comme ce fut le cas de
ceux qui étaient à notre tête, de ne pas voir ce qui sau-
tait aux yeux, ou de douter de la façon dont tout cela
devait finir. Est-ce là la seule raison pour laquelle Steyn
suivit aussi allègrement une politique aussi absurde et
aussi perverse ; ou bien se consolait-il en pensant qu'il
pouvait toujours partager avec Krüger les riches

dépouilles, au cas où leur grand projet échouerait? Se trouve-t-il actuellement d'une façon aussi confortable et aussi bien à l'abri que Krüger?

Je demande à n'importe qui de me dire quelle querelle *nous* avions avec la Grande-Bretagne ? Quelle insulte *nous* a été faite ?

Etions-*nous* menacés d'une façon quelconque ?

Souffrions-nous de quelque injustice douloureuse justifiant qu'un petit pays se risquât dans une attaque contre un puissant empire ?

Ces questions vous font dresser les cheveux sur la tête ; on est frappé d'horreur quand on pense avec quelle insouciance nous avons joué notre indépendance dans une querelle qui n'était pas nôtre !

Soit qu'il fût esclave ou fou, Theunis Steyn ne se prépara en aucune façon à être à la hauteur de sa gigantesque entreprise. D'après l'expression d'un Hollandais, « il commença la guerre avec une profonde confiance en Dieu et la négligence la plus criante ».

Je n'entrerai pas dans les détails des péripéties de la guerre ; ils sont trop connus de chacun.

A mon avis, Steyn aurait dû déposer les armes après la reddition de la majorité des Burghers responsables de l'Etat Libre d'Orange ; de cette façon, la perte inutile d'existences et la destruction des propriétés par les maraudeurs qui suivaient Steyn, et qui sont liés l'un à l'autre par les mensonges les plus atroces (1), nous auraient été épargnées.

---

(1) En mars 1900, Steyn fit à Kroonstadt un discours aux Burghers. Il leur dit que, jusqu'à ce moment, les Anglais avaient perdu 64,000 tués, tandis que nous n'en avions perdu que 200. Il leur demanda de voir dans ce fait la main de Dieu. « Il est clair, dit-il, que Dieu a combattu pour nous. »

Alors que Lord Roberts marchait sur Kroonstadt, je me rendis un matin auprès de Steyn avec deux autres membres du Volksraad, MM. McDonald et Bergstedt, afin de lui causer dans l'espoir de le décider à conclure la paix. Il refusa nettement de nous recevoir officiellement, mais se déclara prêt à nous recevoir d'une façon amicale dans le courant de l'après-midi. Un peu plus tard, ce même matin, il fit aux Burghers un discours dans lequel il déclarait qu'il disputerait aux Anglais chaque pouce du territoire de l'Etat Libre, et qu'aussi longtemps qu'il y aurait un homme à côté de lui, il continuerait la lutte. Je me rendis compte de l'inutilité de toute discussion avec lui.

Sur ces entrefaites, je m'adressai à M. Luyt, le président du Volksraad. Je lui dis : « Luyt, n'est-il pas opportun, nécessaire, urgent, que vous réunissiez le Volksraad, afin de mettre un terme à de nouvelles effusions de sang ? » Il haussa les épaules. Je lui dis alors solennellement : « Luyt, vous manquez à votre devoir, la responsabilité en restera sur vous. » — « Ce sont là des paroles dures », me dit-il. — « Oui, lui répondis-je ; c'est maintenant le moment des paroles dures. » Il ne répliqua pas.

Après l'occupation de Kroonstadt par les Anglais, M. McDonald et moi nous écrivîmes à Luyt, qui se trouvait alors à Heilbron, et nous le pressâmes à nouveau de réunir le Volksraad. Aujourd'hui nous n'avons pas encore reçu de réponse à cette lettre.

Et aujourd'hui encore je serais si heureux de pouvoir faire quelque chose pour sauver mes compatriotes d'une ruine plus complète. Mais il est impossible de faire entendre raison aux hommes qui sont maintenant sur le « front ». A l'exception de quelques fonctionnaires, ces hommes proviennent presque exclusivement de la classe la plus pauvre et la plus ignorante des « bywoners », augmentée de la classe inférieure d'hommes de la colonie du Cap qui n'ont rien à perdre et qui mènent aux commandos une existence gaie et folâtre, volant et pillant les fermiers qui se sont rendus et qu'ils qualifient outrageusement de « handsoppers », mais ne faisant pas grand mal aux Anglais. Les fonctionnaires les dupent en leur promettant des fermes, — appartenant à des cultivateurs dont la plupart se sont rendus aux Anglais, — et que le gouvernement de l'État Libre d'Orange entend confisquer, une fois la guerre terminée !

Ces « bywoners » croient toutes les histoires absurdes que leur content leurs leaders afin de les maintenir. L'un de mes fils, qui fut jeté en prison par Theron parce qu'il avait déposé les armes, me raconta, après son évasion, que c'était un bruit courant dans les laagers que 60,000 Russes, Américains et Français étaient actuellement sur mer et que leur débarquement n'était plus qu'une question de jours : que les Chinois avaient envahi et occupé la Grande-Bretagne et que seule une petite partie du pays résistait encore ; que Dieu faisait, dans le monde entier, une hécatombe d'Anglais avec la peste bubonique. Ils disaient : « Nous ne nous battons plus maintenant que pour la gloire, car notre indépendance est assurée ! »

Il semble que le général Christiaan De Wet lui-même soit persuadé que les Anglais sont anxieux de conclure la paix à n'importe quelles conditions.

Il y a à peu près six semaines, le commissaire de Kroonstadt me demanda de me rendre avec lui auprès de De Wet, qui avait exprimé le désir de me voir et de causer avec moi des stipulations d'un arrangement. De Wet rendit immédiatement toute discussion impossible en posant comme condition première la reconnaissance de l'indépendance des deux Républiques. Je n'eus pas l'occasion de dire quoi que ce soit au cours de cette entrevue, et De Wet insista sur mon silence en disant : « Je reproche à Paul Botha de ne rien dire du tout. » Tandis que j'attendais, en dehors de la salle, les Burghers qui m'environnaient se parlèrent l'un l'autre à haute voix, et évidemment à mon intention. Ils décrivaient leurs hauts faits et disaient : « Il n'y a à Kroonstadt que des « handsoppers » qui mériteraient de recevoir une balle en pleine poitrine, et quelques Anglais malades. Nous reprendrons la ville dès que nous le voudrons. »

Tels sont les hommes qui sont en train de dévaster leur pays, dépouillant et terrifiant leurs propres compatriotes, à l'instigation de Steyn, d'Hertzog et d'autres.

On les encourage, dans ce but, à vagabonder dans le pays par petits groupes. Si j'avais plus de place, je pourrais citer des centaines d'exemples de leur conduite épouvantable. On laisse des hommes notoirement connus pour être des voleurs et des lâches, tel le commandant Nel, de ce district, qui n'a jamais figuré dans une seule bataille, dévaliser les fermes isolées de tout ce qu'il peut s'y trouver de précieux. Même des veuves dont les maris ont été tués aux commandos ne sont pas à l'abri de leurs déprédations, et il y a eu des cas, comme celui de Prinsloo, dans ce district, où ils ont été jusqu'à mettre le feu à des maisons habitées, tandis que les habitants y étaient endormis !

Comme je l'ai dit, ces maraudeurs ne possèdent aucune propriété ; aussi éprouvent-ils la satisfaction naturelle des misérables à causer du tort à ceux qui sont d'une condition supérieure à la leur.

Quant aux propriétés de leurs instigateurs, elles sont situées en majeure partie dans les grandes villes; et il semble bien que jusqu'à présent, la guerre n'ait rien fait perdre à ces hommes, car leurs propriétés ont été laissées intactes et sont même protégées par les Anglais.

Steyn n'avait absolument aucun droit de continuer la guerre après qu'il eut lui même franchi la frontière de l'Etat Libre d'Orange pour passer au Transvaal, car la Constitution de l'Etat Libre interdit au président de quitter le pays ou de désigner un président actif sans le consentement du Volksraad.

Cette question a été tranchée au temps de Reitz, qui s'était rendu au Transvaal sans avoir auparavant obtenu l'autorisation du Volksraad. Une motion fut alors présentée au Raad, déclarant que le président avait agi en violation de la Constitution. Reitz fit beaucoup de bruit à cette occasion; il alla même jusqu'à donner sa démission; mais on le décida à revenir sur sa décision. La motion n'en passa pas moins, et elle était toujours en vigueur lorsque Steyn franchit la frontière. Je considère que, depuis ce moment, il n'y a plus eu d'homme responsable à la tête des Burghers de l'Etat Libre qui étaient encore aux commandos.

AVIS ET APPEL A L'ANGLETERRE

Suggestions.

En laissant les choses aller d'elles-mêmes dans l'Afrique du Sud, et en embrouillant tout pour n'avoir pas fait ce qui était nécessaire, vous avez manqué à votre devoir à l'égard du pays que vous disiez vôtre.

Vous vous êtes soustrait, avec faiblesse, à la charge de nous gouverner et de nous protéger contre les races noires, lorsque cela vous convint, pour nous réintégrer dans votre troupeau suivant le caprice de vos hommes d'État.

Par votre politique soufflant le froid et le chaud, vous avez fait naître le trouble et la méfiance dans le peuple que vous avait vendu la Hollande, et même tendu jusqu'à la rompre la fidélité de vos propres sujets.

En ne tenant pas vos promesses de compensation lors de l'émancipation des esclaves, vous avez créé des rebelles.

En ne tenant pas les promesses que vous aviez faites lors de l'annexion du Transvaal, vous avez donné à Paul Krüger un levier pour provoquer la révolte et la guerre.

En rétrocédant le Transvaal *après Majuba*, vous

avez abandonné et exaspéré vos sujets loyaux, et attiré sur vous le mépris. Et le Bond naquit.

Dans vos dernières relations avec l'« Oncle Paul », qui s'appuyait sur des conseillers hollandais et allemands, vos hommes d'Etat lui ont cruellement laissé marquer les temps après les temps. Et c'est ainsi que vous avez fait surgir dans les cerveaux de la population hollandaise de l'Afrique du Sud le fantôme de « l'Afrique du Sud pour nous seuls! » — faux espoir que vous auriez dû écraser à sa naissance, par justice à la fois envers les Hollandais et les Anglais, puisque vous connaissiez le nombre de sujets que vous aviez ici, et qu'il vous était impossible de vous en aller de l'Afrique du Sud. Et maintenant vous avez écrasé cet espoir, au prix de beaucoup de sang versé des deux côtés. Si vous nous aviez envoyé, il y a quelques années, un homme capable et énergique comme Sir Alfred Milner, il se serait rendu compte de la situation, et cette effusion de sang aurait pu être évitée.

Ce n'est que par votre politique de faiblesse qu'il a été possible à des ambitieux sans scrupules de fomenter la révolte dans votre colonie et d'aller jusqu'à rêver de réussir dans une politique de défi à l'égard de l'Empire britannique.

Maintenant, vous nous avez conquis, et nous sommes de nouveau votre peuple; je vous implore de nous donner pour nous gouverner de meilleurs hommes d'Etat, des hommes qui auront à cœur de nous comprendre, et qui étudieront les problèmes de l'Afrique du Sud au point de vue sud-africain. Vos hommes d'Etat ont commis des fautes si fréquentes par défaut de connaissance des peuples de l'Afrique du Sud! Suivez les conseils de votre plus grand homme d'Etat sud-africain, Cecil Rhodes, pour ce qui concerne les affaires sud-africaines. Appuyez-vous sur des hommes intègres du pays, tels que J.-G. Fraser, l'avocat J.-W. Wessels, Innes, et autres, qui nous connaissent, nous et nos désirs. Ce doit être maintenant *votre* devoir de faire de l'Afrique du Sud, du Cap au Zambèze, un tout harmonieux, dans lequel, au bout de quelques années, toute discorde aura disparu entre Boers et Anglais.

Comme je l'ai dit précédemment, une justice stricte et une uniformité de traitement, même quelque peu sévère, du peuple conquis, ainsi qu'un accomplissement loyal de vos engagements, seront d'une grande influence pour diminuer la méfiance et parvenir à y mettre fin.

Rappelez-vous que le meilleur du pays, que la majorité des habitants responsables s'est rendue après avoir lutté avec droiture, et a loyalement tenu son serment. Ne lui faites pas sentir que vous ne faites aucune distinction entre elle et ceux qui ont violé d'une façon aussi flagrante et aussi perfide leur serment de neutralité, ou bien ceux qui n'ont fait la guerre que parce qu'ils y ont vu des occasions de pillage, de rapine et de vol.

Votre indulgence à l'égard des rebelles et des traîtres a fait naître dans l'Afrique du Sud, parmi vos sujets loyaux, un sentiment passé en proverbe : « Être loyal à l'égard de l'Angleterre ne sert à rien. » Ne laissez pas vos nouveaux sujets découvrir, eux aussi, que c'est là réellement une vérité littérale. Je vois que certains journaux anglais réclament la déportation en bloc, comme prisonniers de guerre, de tous ceux qui se sont rendus, et qu'ils considèrent cette mesure comme préférable à un traitement sévère de ceux qui ont traîtreusement violé leur serment. Je vois que l'on préconise également d'installer à des postes de confiance des krügéristes et des hommes qui sont notoirement anti-anglais. A moins qu'une sélection soigneuse ne soit faite dans le choix de ces fonctionnaires, cette mesure provoquera un vif mécontentement parmi ceux qui se sont rendus et qui ont tant souffert entre les mains de ces hommes, et elle n'aura pour résultat que de persuader aux irréconciliables que vous êtes faible, que vous avez peur. Dans l'espoir de vous ramener un irréconciliable, ne courez pas le risque de faire dix déloyaux. Je vous prémunis solennellement contre une mesure de ce genre. Tout ce que nous demandons, c'est de la justice et de l'équité. Le pays est ruiné. Beaucoup d'entre nous sont réduits à la mendicité. De l'aide et des compensations sont nécessaires, urgentes, pour remettre sur leurs pieds les hommes qui feront le pays.

Il faudra que vous vous débarrassiez, autant que possible, de l'élément étranger intrigant de l'Afrique du Sud, — notamment des Hollandais et des Allemands. Ce sont eux qui, dans le passé, ont fomenté la discorde entre Boers et Anglais, et ils s'efforceront d'empêcher la réconciliation désirée par tous les hommes de sens droit, et qui s'effectuera si l'on nous laisse à nous-mêmes. Nous ne voulons pas être plus longtemps les pantins de n'importe quelle combinaison européenne.

A des Anglais comme M. Labouchère, le docteur Clark, M. Stead et autres, qui ont dupé le Transvaal et, avant la guerre, l'ont poussé sur la voie de la folie, je dis : « Ce fut inhumain de votre part de vous servir des Boers comme de pions dans votre jeu politique, — à 6,000 milles de là, — et comme de crochets pour suspendre vos « dadas » européens. »

Et c'est encore mille fois plus cruel et plus inhumain maintenant, de ne pas laisser leurs esprits en repos et de prolonger la lutte. Si vous êtes sincères dans votre désir de paix pour l'Afrique du Sud et d'une solution pacifique des difficultés qui sont devant nous, eh bien, moi, vieux Boer, je vous dis :

« Laissez-nous en paix trouver nous-mêmes. Vous ne nous comprenez pas, ni nous, ni les besoins de notre pays. »

Il est difficile de porter atteinte à la liberté de la presse. Cependant, il faudrait trouver quelque moyen de l'empêcher de froisser et d'enflammer les sentiments des deux partis. Et cette nécessité sera encore plus impérieuse après la guerre, si nous devons nous tendre la main et oublier le passé. Des journaux irréconciliables comme l'*Ons Land*, le *South African News*, le *Midland News*, qui maintiennent la discorde vivace dans la colonie du Cap, et d'autres qui pourraient être publiés à nouveau dans le Transvaal et dans la colonie de la Rivière-Orange, et cela, comme auparavant, par des étrangers, le *Volksstem*, le *Rand Post*, le *Blœmfontein Express*, d'une part, et le *Star*, de l'autre, devraient être tenus en bride.

Je suis heureux de voir que le premier journal anglais publié dans la Colonie de la Rivière-Orange, le *Blœmfontein Post*, s'est adapté, d'une façon complète, aux nécessités du moment. Il a évité toute offense à notre égard, à l'égard du peuple conquis, et préconise constamment, et sur les meilleures bases, la réconciliation.

En ce qui concerne la question des naturels, il faut que vous écoutiez les Africains du Sud. — Boers et Anglais sont d'accord pour déclarer que le Cafre doit être traité comme un inférieur, mais qu'il doit aussi être protégé contre toute cruauté ou injustice. Vos missionnaires devraient bien se borner à sauver les âmes des Cafres, et ne pas se mêler de politique. Donner aux races noires le droit de vote, ce serait rendre le pays impossible pour l'homme blanc, et, tôt ou tard, provoquer une guerre entre les noirs et les blancs.

Je pense pouvoir dire sans crainte de contradiction que, en somme, les lois de l'Etat Libre d'Orange concernant les Cafres sont justes et équitables. Dans le but de rendre la main-d'œuvre plus abondante, je suggérerais, cependant, une modification qui rendît impossible aux grands propriétaires fonciers de conserver sur leurs fermes un nombre excessif de kraals de Cafres. Ces Cafres sont autorisés par leurs maîtres à semer autant qu'il leur plaît; ils sont donc dans une situation tout à fait confortable, ce qui fait qu'ils ne sentent jamais la nécessité d'aller à la recherche de travail. Dans l'état actuel, certains fermiers ont plus de domestiques cafres qu'il ne leur en faut, tandis que d'autres ne peuvent pas s'en procurer.

Par-dessus tout, le pays a un besoin urgent d'instruction; il ne faut pas, à cet égard, épargner d'argent. Il nous faudrait des écoles aussi voisines que possible des fermes, et, alors, l'instruction devrait être rendue strictement obligatoire à partir d'un certain âge. Des écoles techniques et des institutions industrielles sont également très nécessaires, et des expositions agricoles et autres devraient être encouragées.

Une question qui semble moins importante, mais qui, en réalité, l'est extrêmement, est que les Anglais que vous nous envoyez devraient se rendre compte que, dans notre pays, il n'y a pas de castes. L'attitude orgueilleuse et méprisante qu'affectent certains Anglais froisse profondément l'esprit indépendant des coloniaux, qui sont habitués à considérer qu'un homme blanc en vaut un autre, du moment qu'il se comporte décemment.

Je suggérerais en outre que, pendant un certain laps de temps après la guerre, le pays ait à sa tête un Gouverneur dépendant directement du Haut-Commissaire. Il devrait être assisté d'un Conseil composé de membres en partie désignés par lui et en partie élus. Je suggère cette forme de gouvernement parce que je pense qu'il faut accoutumer le peuple au nouvel ordre de choses avant de laisser la politique de parti enflammer son esprit. Il faudrait que la blessure qu'a causée la guerre eût un peu le temps de se cicatriser.

APPEL A MES COMPATRIOTES

Qu'avions-nous, **nous**, Citoyens de l'Etat Libre d'Orange, à gagner à cette guerre ?

Quelle querelle avions-**nous** avec la Grande-Bretagne ?

De quelle façon étions-nous menacés ?

Souffrions-nous de quelque injustice si profonde qu'elle justifiât qu'un petit pays risquât **tout** dans une attaque contre un puissant empire ?

L'amitié du Transvaal valait-elle le risque ?

Pouvions-**nous** devenir plus indépendants que nous l'étions ?

La guerre ne nous a-t-elle pas déjà appris que le Transvaal n'avait d'autre désir que de nous utiliser comme soldats pour sa cause ?

Supposons un moment que nous ayons été victorieux ; quel bénéfice en aurions-nous retiré ?

Je vous dis, et je crois que maintenant vous vous en rendez compte vous-mêmes, que la victoire aurait eu pour nous la signification de la pire défaite. Nous pouvons être malheureux, actuellement ; alors, nous l'aurions été doublement. Car le Transvaal nous aurait bravé et réduit à l'état de dépendance.

Pensez-vous que le Transvaal fut assez puissant pour maintenir la paix dans l'Afrique du Sud?

Auriez-vous pu écraser l'Angleterre et vous rendre complètement indépendants de la protectrice de notre côte maritime? Au lieu de jeter les Anglais dans la mer, vous avez attiré dans ce pays des Anglais de toutes les parties du monde.

Je vous le dis, nous avions et nous avons aussi peu de chance d'expulser les Anglais de l'Afrique du Sud qu'eux d'être débarrassés de nous.

Il faut que nous nous affranchissions de l'idée d'une seule nation ayant la prépondérance dans l'Afrique du Sud à l'exclusion des autres. La reconnaissance de ce fait, des deux côtés, est le premier préliminaire à une vie paisible, et ce devra être la « tonique » de toutes les relations que nous aurons ultérieurement les uns avec les autres.

Nous nous sommes battus par le caprice de quelques politiciens sans scrupules, et maintenant nous pouvons nous rendre honorablement, car nous avons lutté avec bravoure.

Je suis convaincu que le peuple anglais le reconnaît et ne nourrit à notre égard aucuns mauvais sentiments. Il est disposé à vivre côte à côte avec nous, en ami; il nous tend la main, comme font les lutteurs le combat terminé, et c'est notre devoir de prendre cette main tendue et d'oublier le passé.

Une seule des choses promises, prophétisées, prédites par Steyn est-elle arrivée? Où sont les milliers de coloniaux sympathiques qui devaient se soulever comme un seul homme? Qu'a fait pour nous le « Bond » ? Où est l'intervention étrangère promise ?

Nous avons eu un dur réveil...

Où se trouvent aujourd'hui vos chefs, et où êtes-**vous**, Boers, qui avez supporté le choc de la guerre ? Le jeu que vos chefs ont joué avec vous, c'est « face je gagne, pile tu perds ».

Paul Krüger, riche et à son aise, s'est « retiré des affaires », et il est sur le chemin de l'Europe, en sécurité sur un navire de guerre hollandais.

Leyds, homme sage, prévoyait depuis longtemps la tempête menaçante ; aussi, après avoir réalisé l'actif qu'il possédait *ici*, continuait-il les participations, à distance sûre, dans une demeure confortable du continent européen.

Esselen, l'homme qui « ne devait plus se laver avant d'avoir conquis Durban », vit maintenant sain et sauf en Ecosse, après avoir vécu sain et sauf pendant la guerre, à l'abri de la Croix-Rouge.

Fischer, Wolmarans et Wessels ont dépensé *votre* argent en délicieux voyages d'un pays à l'autre. Leur mission en Europe est certainement terminée depuis longtemps. Pourquoi ne sont-ils pas revenus pour combattre avec vous à vos côtés ?

Je ne sais pas où le reste des gens de la suite de Krüger se trouve pour le moment, mais je suspecte fortement qu'ils ont dû se mettre soigneusement à l'abri de tout danger et de tout malheur. Un seul des leaders politiques qui *vous* ont poussés au combat a-t-il été tué ou blessé en luttant courageusement sur le champ de bataille ? Steyn, Hertzog et d'autres continuent à lancer des proclamations belliqueuses et violentes ; mais a-t-on jamais vu, sur le champ de bataille, Steyn ou quel-qu'un de sa clique ? Je suis persuadé que, le moment venu, ces braves se retireront, eux aussi, dans des villas de la Sicile ?

Mais **vous**, où êtes-**vous** ? **Votre** sang a coulé comme de l'eau ; **vos** maisons ont été détruites ; **vous** avez été déportés en pays étrangers, et vous, vos fem-mes et vos enfants, vous avez été entassés l'un sur l'autre dans des camps de refuge, et réduits à vivre des aumônes de votre ennemi.

Parce que vous êtes ignorants, ces hommes ont joué sur votre faiblesse et sur vos préjugés ; vous avez tiré les marrons du feu ; et maintenant, après vous avoir ruinés, ils se sont mis en sûreté et vous ont abandonnés à votre destin.

Vous rendez-vous compte, maintenant, que si les Hollandais, les Allemands, les Français vous ont pous-sés à combattre, ce n'est pas qu'ils vous aimaient tant, mais qu'ils haïssaient les Anglais davantage ? Qu'est-ce qu'ils veulent, dans l'Afrique du Sud ? Ce qu'ils veulent, ce n'est que provoquer des dissensions entre vous et les Anglais, afin de se donner l'occasion de profiter de vos discordes.

Ne les laissez pas vous induire plus longtemps en erreur en ce qui concerne vos véritables intérêts. Chassez du pays cet élément étranger intrigant. Il ne peut exister de prospérité réelle là où l'on est en continuels conflits.

Je le répète : Boers et Anglais *doivent* vivre côte à côte dans l'Afrique du Sud. Il faut que nous nous en rendions compte les uns et les autres et que ce soit là la base de notre avenir. Travaillons ensemble à créer une Afrique du Sud paisible, unie, se gouvernant elle-même sous l'étendard britannique ; car, comme je l'ai expliqué, la paix et la prospérité ne sont pas possibles sous un autre drapeau. Si chacun de nous fait de son mieux dans ce but, nous pourrons continuer à voir les paroles de notre vieil et cher Président Brand se réaliser dans notre malheureux pays :

« ALLES ZAL RECHT KOMEN »

(Tout ira bien.)

4603 — Société annon. de l'Imp. Kugelmann (G. Balitout, directeur),
12, rue de la Grange-Batelière, 12